MI PEQUEÑO CABALLITO DE MAR

Escrito por Isabel Sánchez
e ilustrado por Lara Ferrer

Título original: Mi pequeño caballito de mar

Autora: Isabel María Sánchez García

Ilustración: Lara Ferrer Camarena

Publicado por Editorial Gusanillo 2025

Redes sociales de la editorial: @editorialgusanillo

Página web de la editorial: www.editorialgusanillo.es

Impreso y encuadernado en España

Código de Depósito Legal: V-3385-2025

ISBN: 979-13-87530-19-8

A mi barriada San Andrés y a mi cole Fernando
Garrido, por ser dueños de mis mejores
recuerdos y tener atrapada en el tiempo a la
niña que fui y que allí permanece,
jugando para siempre.

Turquesa es un pequeño caballito de
mar tímido, que vive en Ciudad Coral.
Su tono azul verdoso le hace
sentir diferente a los demás. Por eso,
su mamá lo llamó Turquesa.

Allí por donde pasa un rayo de sol, su color reluce más que ninguno y siempre acapara todas las miradas.

Cada verano, Turquesa lo pasa con Nati, su gran amiga. Ella es humana, pero no importa, ¡se lo pasan siempre de maravilla!

—¡Cuánto me enseñas Turquesa!
¡Eres mi mejor amigo!
Cuando lo elogian, se pone colorado.
¡Tanto, que parece un cangrejo más!
Por eso, su mamá no lo llamó ni
Verde, ni Azul, ni Amarillo. Su mamá
lo llamó Turquesa.

A Turquesa le encantan las vacaciones,
salvo por un pequeñísimo detalle...
Las temidas corrientes de verano.
Su mamá siempre le dice:

—No tengas miedo, mi pequeño. Si un día una corriente te arrastra, tu nombre siempre te guiará. Por eso, su mamá no lo llamó ni Verde, ni Azul, ni Amarillo. Tampoco Naranja, ni Rojo. Su mamá lo llamó Turquesa.

Un día, Nati y Turquesa llegaron al gran arrecife de coral.

—Turquesa, nunca me has explicado qué hay ahí detrás. ¿Por qué no vamos?

—Mejor cuando pase el verano —contestó Turquesa algo miedoso.

Pero una mañana, cuando los dos amigos jugaban al escondite, Nati y Turquesa no se encontraron.

Una fuerte corriente de aguas turbias los había llevado tras el gran arrecife. Turquesa miró a un lado y a otro muy asustado. —¿Dónde está todo el mundo? —Se preguntó.

Turquesa se armó de valor y bajó al misterioso fondo marino, donde se encontró al Señor Cangrejo.
—Señor Cangrejo, ¿me podría usted guiar hacia Ciudad Coral?

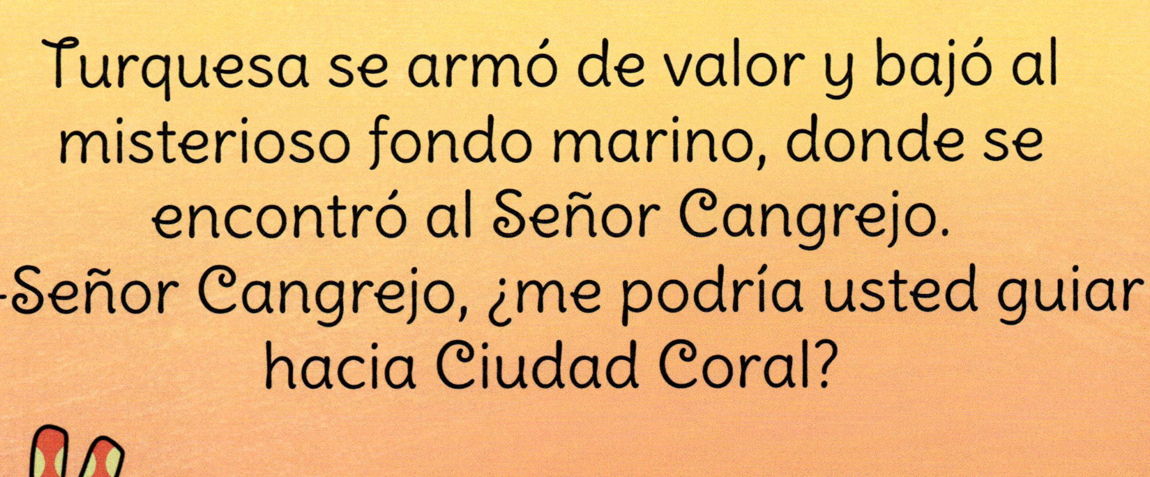

Pero el Señor Cangrejo, apático y muy cansado, le contestó:
—Lo siento Turquesa, prefiero quedarme aquí, en mi roca, hasta que pase la tormenta. Y se escondió en su caparazón.

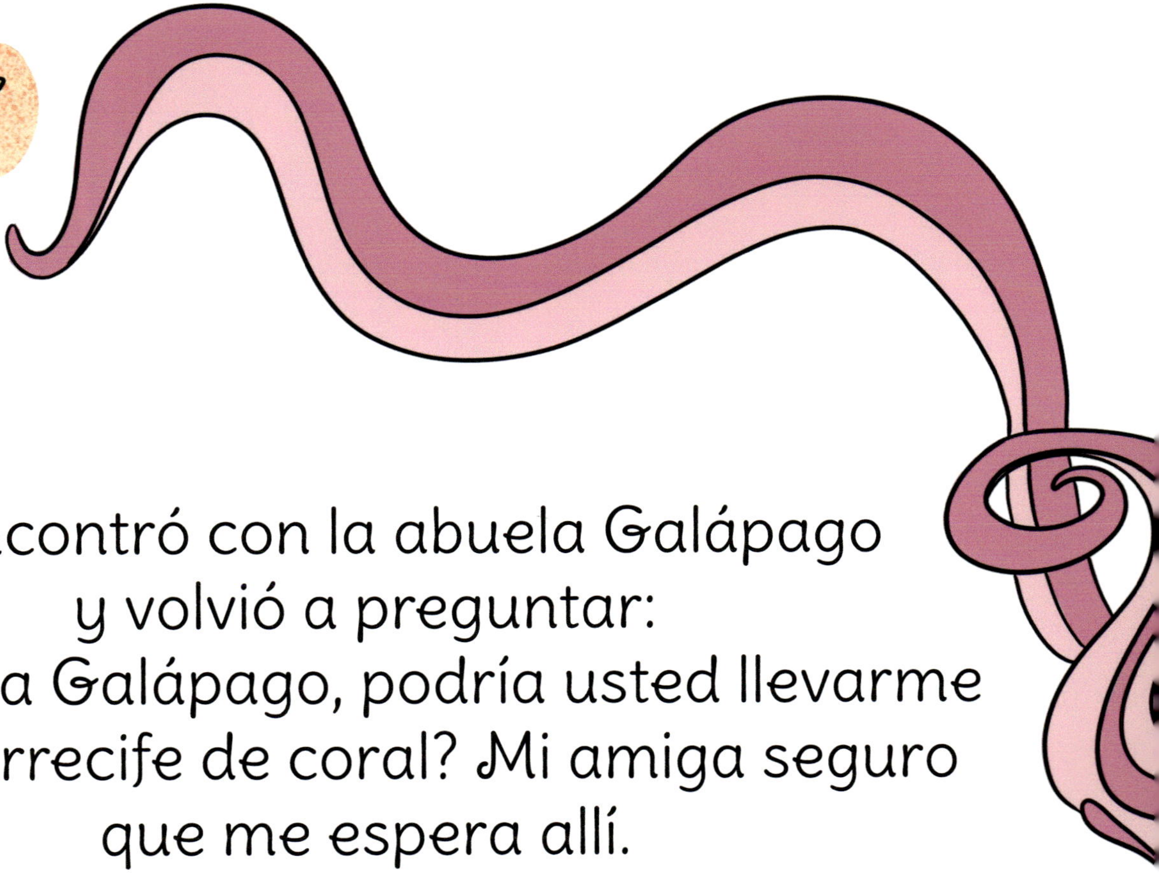

Se encontró con la abuela Galápago
y volvió a preguntar:
—¿Señora Galápago, podría usted llevarme
tras el arrecife de coral? Mi amiga seguro
que me espera allí.
—Lo siento Turquesa, mis pies están tan
viejos que no podríamos llegar. Prefiero
esperar a que pase la tormenta.

Turquesa siguió por el fondo del mar y, camuflada entre la tierra, encontró a Lola la Caracola.
—¡Qué alegría Doña Caracola! ¿Usted me podría guiar hasta el arrecife?
Pero Lola lo miró y le contestó lo mismo que los demás.

Turquesa estaba muy triste. No sabía qué hacer. Entonces, un rayo de sol comenzó a hacer destellos por todo su cuerpo.

Todos los animales comenzaron a salir de sus guaridas. Peces, medusas, pulpos y estrellas de mar. Todos comenzaron a seguir la estela de luz de Turquesa.

Sin saber qué hacer, Turquesa entendió
lo que siempre le decía su mamá:

—Si un día la corriente te arrastra, tu nombre siempre te guiará.
Por eso su mamá no lo llamo ni Verde, ni Azul, ni Amarillo.
Tampoco Naranja, ni Rojo, ni Violeta.
Su mamá lo llamó Turquesa.

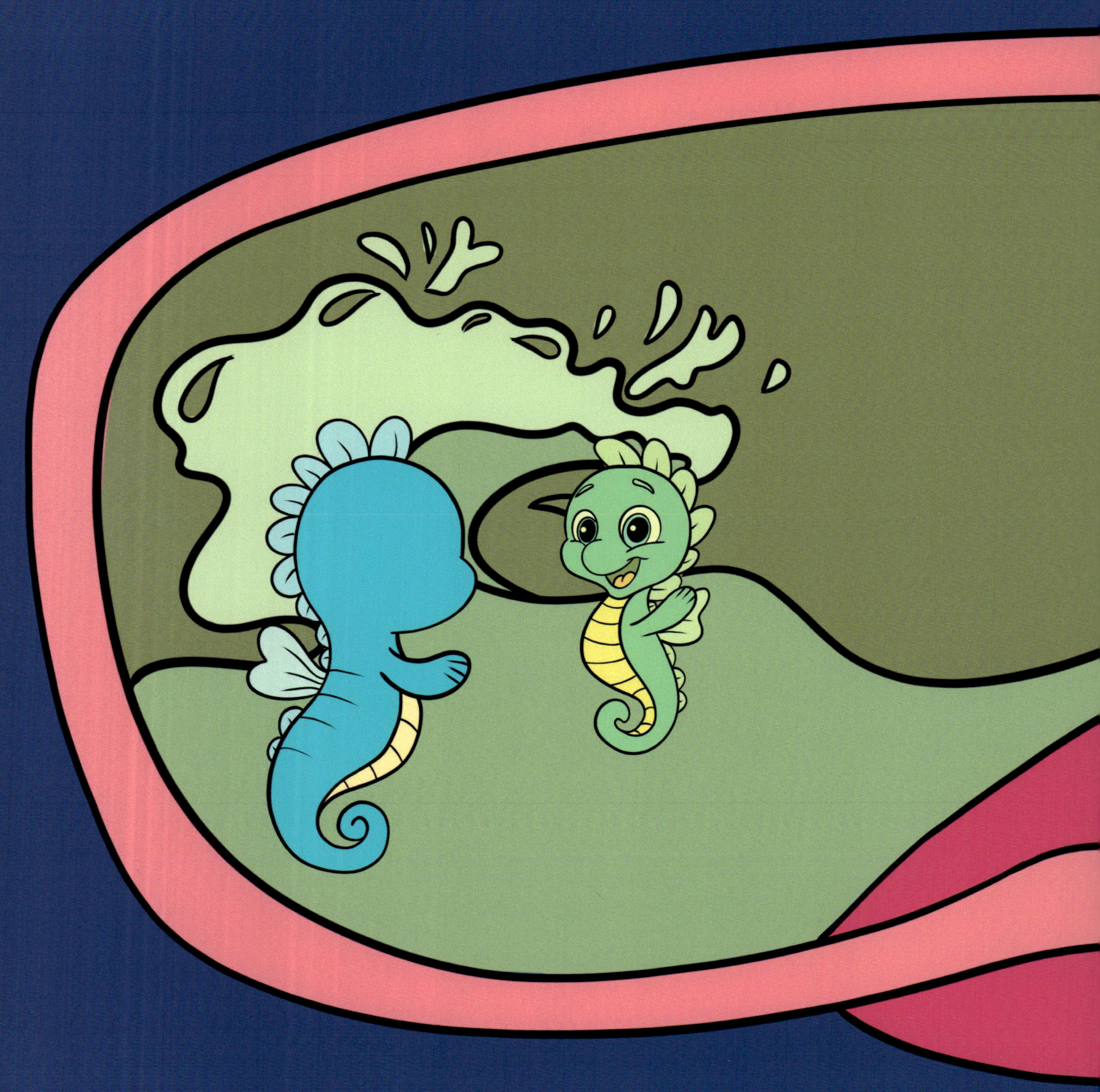

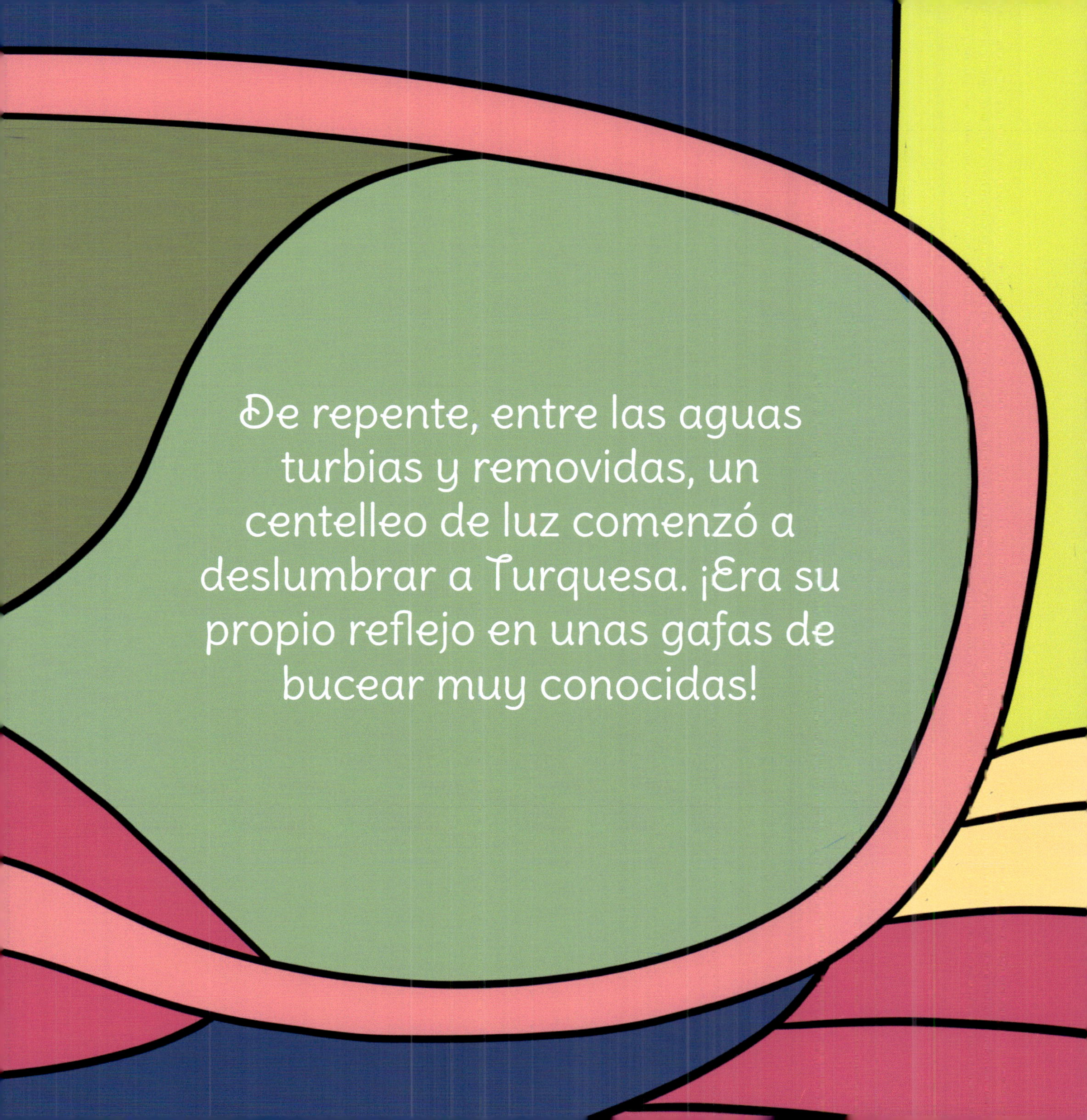
De repente, entre las aguas turbias y removidas, un centelleo de luz comenzó a deslumbrar a Turquesa. ¡Era su propio reflejo en unas gafas de bucear muy conocidas!

—¡Nati! —Exclamó Turquesa muy contento. Los amigos se fundieron en un enorme abrazo.

—¡Turquesa, ahora debes creer en ti! Sin tu resplandor, no veremos el camino que hay más allá del arrecife de coral —le dijo su amiga Nati.

Y así, nuestro tímido caballito de mar,
confió en sus habilidades y juntos,
lograron volver a Ciudad Coral con una
gran aventura y una enseñanza bajo las
aletas. Por eso, su mamá lo llamó
Turquesa.